HERZens-GLÜCK

HERZgefühl und
HERZensangelegenheiten

Marianne Moldenhauer

September 2016

Bibliographische Information der Deutschen Nationalbibliothek.
Die Deutsche Nationalbibliothek verzeichnet diese Publikation
in der Deutschen Nationalbibliographie;
detaillierte bibliographische Daten sind im Internet über
http://dnb.dnb.de abrufbar.

© Marianne Moldenhauer

Herstellung und Verlag:

BoD – Books on Demand, Norderstedt

ISBN 978-3-7412-7149-6

Für meinen Mann,
mit dem ich seit nunmehr 25 Jahren
HERZENSGLÜCK
jeden Tag aufs Neue
auf ganz vielfältige Art und Weise empfinde,
und für meine Familie und Freunde,
ebenfalls wunderbare Menschen,
die mein Leben bereichern und
einen festen Platz in meinem Herzen haben.

Autorin

Marianne Moldenhauer, Jg. 1965, geb. in Vechta (Niedersachsen), an **M**ultipler **S**klerose (**MS**) erkrankt seit 1989, lebt als selbstständig tätige Rechtsanwältin in Baunatal (Hessen). Mit ihren fachlichen Publikationen zu arbeits- und sozialrechtlichen Themen bietet sie MS-Erkrankten, Angehörigen und Interessierten bereits seit zwei Jahrzehnten praktische Lebenshilfen und zeigt ihnen Perspektiven auf. Irgendwann folgten Texte, Gedichte und Aphorismen rund um das Leben mit MS, das Tanzen, Einblicke in die persönliche Gefühlswelt und zum achtsamen Umgang mit der eigenen Lebensenergie hin zu einem aktiven und positiven Leben. In ihrem fünften Buch mit eigenen Fotos aus dem Rosengarten im Bergpark Wilhelmshöhe-Kassel und dem hauseigenen Garten geht es um Herzgefühle und Herzensangelegenheiten. Unternehmen auch Sie eine Reise zum persönlichen Herzensglück und machen Sie sich auf Ihrem Weg bewusst, was Ihr Leben ausmacht und was Ihnen im Augenblick der Selbstreflexion wichtig ist und guttut.

Wenn ich an dich denke

Wenn ich an dich denke,
fühle ich mich dir nah.
Wenn ich an dich denke,
klopft mein Herz.
Wenn ich an dich denke,
gibt mir das Kraft.
Wenn ich an dich denke,
fühle ich mich gut.
Wenn ich an dich denke,
werden Erinnerungen wach.
Wenn ich an dich denke,
freue ich mich auf dich.
Wenn ich an dich denke,
gewinne ich an Zuversicht.
Wenn ich an dich denke,
entspannt sich mein Körper.
Wenn ich an dich denke,
wird mir ganz warm.
Wenn ich an dich denke,
fühle ich tiefe Zufriedenheit und Glück.

Bauch- und Herzgefühl

(Lebens-)Entscheidungen -
immer wieder
basierend auf
Erfahrungen
Außeneinflüssen
innerer Weisheit,
nicht unbewusst,
selten spontan,
nicht aus einer Laune heraus,
reflektiert - reiflich überlegt,
aber immer auch
mit einer Portion
Bauch- und Herzgefühl.

Körpersignale

Herzrasen
Gähnen
Magendrücken
Erröten
Kloßgefühl
Räuspern
Blässe
Augenflattern
Mundgeruch
Juckreiz
Gänsehaut
Schwitzen
Frieren
Taubheitsgefühle
Unruhe
Zittern

Registriere und erkunde
die Signale deines Körpers
und folge den
daraus gewonnenen Erkenntnissen!

```
HHHHHH         HHHHHH
HHHHHHHHH    HHHHHHHHH
HHHHHHHHHH  HHHHHHHHHH
HHHHHHHHHHHHHHEHHHH
HHHHHHHHHHHHHHHHH
HHHHHHRHHHHHH
HHHHHHHZHHH
HHHHHHHHH
HERZLICH
HHHHH
HHHH
HHH
HH
H
```

12

 # HerzensGLÜCK

Glück ist kein Dauerzustand.
Geh' mit offenen Augen
neugierig durch dein Leben.
Bewahre dir dabei den Blick
in alle Richtungen.
Du kannst dein Glück beeinflussen.
Ergreife deine Chance und
erstrebe nicht nur das flüchtige
äußere Glück.
Wende dich dir und
deinem inneren Glück zu.
Es erwächst zeitlos –
ganz tief aus deinem Herzen.

Ohne große Worte

Du hörst mir zu.
Du bist achtsam.
Du bist sanft.
Du verstehst mich.
Du bist verständnisvoll.
Du bist offen.
Du bist spontan.
Du bist humorvoll.
Du bist kreativ.
Du bist geschmackvoll.
Du bist aufrichtig.
Du bist zuverlässig.
Du bist genussvoll.
Du bist liebevoll.
Du bist präsent.
Du bist ausdauernd.
Du eroberst mein Herz –
Tag für Tag,
auch ganz ohne Worte –
bist mein gefühltes Glück.

Mit dir

Mit dir in Gedanken
Mit dir im Gespräch
Mit dir in Entwicklung
Mit dir in Bewegung

Mit dir – Schritt für Schritt
Mit dir – Seite an Seite
Mit dir – Hand in Hand
Mit dir – nach und nach

Mit dir in den Tag
Mit dir im Herzen
Mit dir im Paradies auf Erden
Mit dir im **GLÜCK**

HerzensGLÜCK

Gib die Suche auf
und geh' deinen ganz eigenen Weg.
Gib die Suche auf
und lebe freudig dein Leben.
Gib die Suche auf
und erfreue dich an diesem Geschenk.

Wenn es dir gelingt,
ganz bewusst die
vielen schönen Augenblicke
im Lebensalltag wahrzunehmen,
und du eigene Bedenken überwindest,
erwächst hieraus
eine Zeit ganz besonderer Freude.

Akzeptiere eigene charakterliche
und auch intellektuelle Grenzen.

Wenn du herausgefunden hast,
wer du bist und was dein Leben ausmacht,
erlebst du wahres **HerzensGLÜCK**.

Wunsch

Du möchtest glücklich sein?
Dann lass' dich auf
andere Menschen
und auf Neues ein.

Du kannst dich entscheiden:
Für ein Leben
Angst und Unsicherheit
oder
für ein Leben
mit Freude und Zuversicht.

Du hast die Wahl:
Öffne dich für die Liebe zu dir selbst
und
öffne dein Herz.
Erlebe im Füreinander und im Miteinander.
unbeschwert Harmonie und Liebe.

Wunderbare Momente

Spontanität leben,
Abwechslung zulassen,
Unbeschwert sein,
Loslassen können,
Zuneigung teilen,
Lebensfreude spüren,
Angenommensein fühlen,
Unerreichbarkeit erlauben,
Stille genießen,
Klängen der Natur lauschen.
Das Erleben wunderbarer Momente
– allein und miteinander –
lässt
Herzensglück
entstehen und wachsen.

Im Takt

Sitzend
Stehend
Wippend
Redend
Schweigend
Sehend
Essend
Trinkend
Bewegend
Innehaltend

GEMEINSAM

Leben *im Takt*

Herzgefühl

Ich habe dieses Herzgefühl
seit ich dich hab' bewusst gesehen.
Ich habe dieses Herzgefühl
seit ich mit dir gesprochen.
Ich habe dieses Herzgefühl
seit wir uns erstmals zärtlich berührt.
Ich habe dieses Herzgefühl
seitdem wir zwei zusammen sind.
Ich habe dieses Herzgefühl
Tag für Tag, Monat für Monat, Jahr für Jahr.
Ich habe dieses Herzgefühl
bin aufgewühlt,
bin überglücklich,
bin unbeschwert -
so wie am ersten Tag.

Eine Herzensangelegenheit

Mit dir
Gemeinsamkeiten teilen
Gedanken teilen
Bilder teilen
Erfahrungen teilen
Glücksmomente teilen
Sorgen teilen
Aufgaben teilen
Gefühle teilen
Träume teilen

*Freude genießen,
Probleme lösen
und
Partnerschaft leben
auf einem gemeinsamen Weg*

Mein Leben mit dir teilen

Gemeinsames Hobby

Zuerst vage Vorstellungen,
dann erste Versuche
- ein Anfang ist gemacht -,
weitergemacht und wiederholt,
hingegeben und erlebt,
ein gemeinsames Hobby,
irgendwann
eine gemeinsame
Herzensangelegenheit -
eine tiefe Leidenschaft,
- fühlbar im gemeinsamen Agieren -
ein sichtbares Vergnügen
mit viel Abwechslung
das keiner weiteren Begründung bedarf.

ABSOLUTES HERZENSGLÜCK:

*MIT SICH
UND IN DER PARTNERSCHAFT
EIN HERZ UND EINE SEELE SEIN –
VOM ERSTEN MOMENT AN
UND FORTDAUERND.*

Glückwünsche

Auf Floskeln verzichtend
mitfiebernd und sich mitfreuend
ganz persönliche Glückwünsche
überbringen:
zum Geburtstag,
zum Gelingen einer Prüfung,
zum Arbeitsplatz,
zur neuen Wohnung und
zu anderen besonderen Angelegenheiten
macht deine Wünsche
zu erlebbaren
Herzenswünschen
für andere.
Lass' den Funken überspringen!

PERSPEKTIVE IST HERZENSGLÜCK

Mit dir Lebenspläne verweben.
Mit dir Erfahrungen sammeln.
Mit dir gemeinsam klarer sehen.
Mit dir in eine Richtung schauen.
Mit dir konkrete Ziele setzen.
Mit dir Vorhaben auch realisieren.
Mir dir alte und neue Wege gehen.
Mit dir schweigend sich verstehen.
Mit dir die Geborgenheit genießen.
Mit dir fühlen und auch lachen.
Mit dir spontane Freude leben.
Mit dir das Positive erkennen.
Mit dir aus dem Negativen lernen.
Mit dir klare Perspektiven schaffen
und immer auch mal
die Perspektive wechseln –
das ist Herzensglück.

In jedem Moment

Ob in der Ferne,
ob in der Nähe -
in jedem Moment
berührst du mein Herz

Ob in der Ferne,
ob in der Nähe -
in jedem Moment
fühle ich mich behütet.

Ob in der Ferne,
ob in der Nähe –
in jedem Moment
spüre ich deine Kraft.

Ob in der Ferne,
ob in der Nähe -
in jedem Moment
empfange ich deine Liebe.

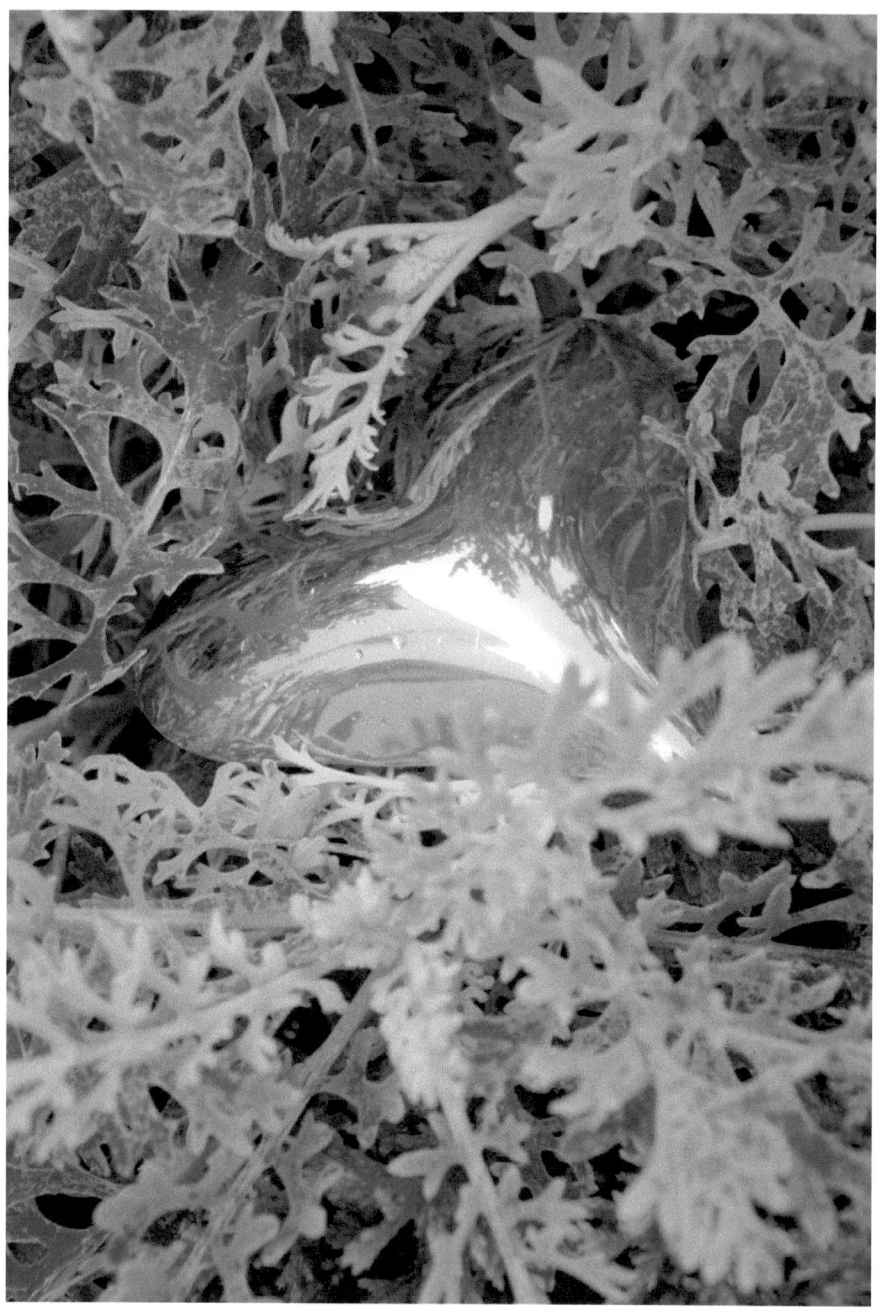

Empathie und Rücksichtnahme

Ein tiefer Schreck,
Ärger und Sorgen.
Die wertvolle Begegnung
in einer schwierigen Situation.
Verständnis,
Hineinversetzen,
Mitfühlen,
Rücksichtnahme,
Hilfsbereitschaft und Sympathie
Erfahren.
Ein Moment des Glücks,
der das Herz
erreicht und beruhigt.

Zuversicht

Der Glaube

in sich,

in die eigene Kraft,

die momentane Situation

und in die Zukunft.

Diese Zuversicht ist wahres Herzensglück.

Zauber der Liebe

Von einem Moment auf den anderen –
plötzlich ist alles anders.

Manchmal wirkt der Zauber
auch nicht sofort.

Es ist der Zauber der Liebe –
eine Achterbahn der Gefühle.

Ein unbeschreiblicher Sog
in eine bestimmte Richtung - zueinander.

Und plötzlich weißt du,
es ist an der Zeit,
etwas Neues zu Beginnen
und dem Zauber zu vertrauen.

Gesundes Glück

Muss immer alles klappen?
Geht es nur ganz oder gar nicht?
Muss immer alles perfekt sein?
Geht es nur ganz oder gar nicht?

Sei du selbst!
Alles entsteht Schritt für Schritt und
es gibt noch so viel dazwischen.

Handelst du immer absolut korrekt
oder bist du auch mal mit Nachsicht
auf dem Weg,
dein persönliches Glück zu finden?

Herz – Mut – Glück

Was steht am Anfang:
das Herz, der Mut, das Glück?

Wenn du dich dem Leben öffnest
und
deine Ängste überwinden lernst,
wenn du das Risiko eingehst,
auch 'mal Fehler zu machen,
enttäuscht oder verletzt zu werden,
wirst du ungeahnte Kräfte spüren.
Du wirst Wege finden und
dabei verschwimmen
Herz, Mut und Glück
und es entsteht ein Hochgefühl
Zufriedenheit und wahrem Herzensglück.

FREUNDSCHAFT

IST ANTEILNAHME
BRINGT ANTWORTEN

IST GETEILTES LACHEN
BEREITET EINANDER FREUDE

IST MITGEFÜHL
STÄRKT DAS HERZ

IST GROßZÜGIGKEIT
GIBT HEIMAT

IST VERTRAUEN
VERSCHWEIGT NICHTS

IST VERDOPPELTE FREUDE
BRINGT GLÜCK

IST EIN KOSTBARES GESCHENK
MACHT DAS LEBEN LEBENSWERTER

... und plötzlich ist alles anders

Unspektakulär
ganz still und leise
Begegnungen
harmonische Stimmung
bezaubernde Wärme
machtvolle Strömungen
energetische Schwingungen
zart im Gleichklang pulsierend
der magische Moment
sich einlassen aufeinander
wahre Glücksgefühle
... und plötzlich ist alles anders
dabei erstaunlich vertraut
völlige Hingabe, Einheit, Verbundenheit
frisches Liebes- und Herzensglück

```
         GLÜCKGLÜCK
       GLÜCKGLÜCKGLÜ
     CKGLÜCKGLÜCKGLÜC
     KGLÜCKGLÜCKGLÜCK
       GLÜCKGLÜCKGLÜC
         KGLÜCKGLÜCK
           GLÜCKGLÜC
   KGLÜCKGLÜCKGLÜCKGLÜCKGLÜCK
   GLÜCKGLÜCKGLÜCKGLÜCKGLÜCKGLÜC
   KGLÜCKGLÜCKGLÜCKGLÜCKGLÜCKGLÜC
   KGLÜCKGLÜCK**GROßESGLÜCK**GLÜCKGLÜ
   CKGLÜCKGKÜCKGLÜCKGLÜCKGLÜCK
     GLÜCKGLÜCKGLÜCKGKÜCKGLÜ
          S   CKGLÜCKGL
         S   ÜCKGLÜCKGLÜC
        S   KGLÜCKGLÜCKGL
         S   ÜCKGLÜCKGLÜCK
          S    GLÜCKGLÜCKGL
           S    ÜCKGLÜCKG
            S      LÜCKGLÜC
             S
              S
               S
                S
```

50

zwei Herzen im Glück

*wir begegnen einander
wir hören uns gegenseitig zu
wir sind füreinander da
wir fühlen miteinander
wir sind zärtlich miteinander
wir sind einander ganz nah
wir sprechen offen miteinander
wir akzeptieren uns so wie wir sind
wir machen uns immer wieder Mut
wir tauschen uns aus
wir träumen miteinander
wir entscheiden gemeinsam
wir gestalten gemeinsam
wir lernen miteinander
wir entwickeln uns miteinander weiter
wir sind aufmerksam füreinander
wir verwöhnen uns gegenseitig
wir sind glücklich,
wenn es dem anderen gut geht
wir teilen Freude und Erfolg
wir tragen Probleme und Leid gemeinsam
wir geben uns gegenseitig Kraft
wir haben so viel gemeinsam
und wir formen tagtäglich an unserer niemals
langweilig werdenden Partnerschaft*

HerzensGLÜCK

Die Suche
nach dem Glück
führt dich zu dir.
Sie führt ganz tief
in dich hinein.
Nimm' dich wahr.
Schau' in dein Herz.
Bist du aufmerksam,
zart- und mitfühlend,
liebevoll,
auch 'mal bedrückt, traurig
oder gerade froh und frei?
Wie fühlst du dich?
Du kannst Einfluss nehmen und
eines ist sicher:
In einem
emotionalen Herz
steckt immer auch
sehr viel
HerzensGLÜCK

Im liebevollen Miteinander

Wo man gut zu dir ist,
wo du gewollt bist,
wo man dir vorurteilsfrei begegnet,
wo du ein Zuhause findest,
wo man dich wertschätzt,
wo du offen und ehrlich sein kannst,
wo man dich annimmt, so wie du bist,
wo du verlässlichen Halt findest,
wo man dir Beachtung schenkt,
wo du Anerkennung erfährst,
wo man dir mit Liebe begegnet,
wo du sicher behütet bist,
wo man dir Aufgaben überträgt,
wo du dich entfalten kannst,
wo man dir Verantwortung gibt,
wo du in jeder Lebenslage getragen bist,
wo man dich deinen Glauben leben lässt,
entsteht
im liebevollen Miteinander
und Verständnis füreinander
Zufriedenheit und HERZENSglück.

Herzenssache

Absolut
konsequent
überzeugt
und
immer
MIT DEM HERZEN DABEI

Freunde im Herzen

Du weißt alles von mir.
Du spürst wie es mir gerade geht.
Du fühlst mit mir.
Du bist sensibel und aufmerksam.
Du bist da und stehst mir zur Seite.
Du hörst mir aufmerksam zu.
Du bist aufrichtig zu mir.
Du schweigst, wenn ich dich darum bitte.
Du schaust hin, während andere wegsehen.
Du verzeihst kleine Fehler und Schwächen.
Du gibst mich nicht auf.
Du stehst zu mir und gibst mir Kraft.
Du gibst mir Geborgenheit und Halt.
Du teilst dein Leben mit mir.
Du machst mich glücklich -
in unserer Begegnung wachse ich mit dir.

Öffne dein Herz

Lass' es zu,
öffne dich.
Besänftige deine Gedanken,
schließ' deine Augen,
entspanne dich.
Genieße es,
erspüre dich,
stimme dich ein,
öffne dein Herz.
Gib' dich hin,
erspüre das Gefühl
eins mit dem Ganzen zu sein.
Halte es tief in dir fest,
bewahre
es dir.

Besoffen vor Glück

Wir sind uns begegnet
und es hat leuchtende Sterne geregnet.

Ich bin besoffen vor Glück.

Zwischen uns war plötzlich alles klar –
eine Nacht voller Zauber – ganz wunderbar.

Ich bin besoffen vor Glück.

Ich habe dich in mein Herz geschlossen
und bin seitdem total in dich verschossen.

Ich bin besoffen vor Glück.

Ich genieße jeden Augenblick,
blicke gerne nach vorn' und auch zurück

Ich bin besoffen vor Glück.

Suche nach dem Herzensglück

Um dein Herzensglück zu finden
beende deine Suche im Außen.

Wende dich dir selbst zu,
erspüre dein tiefstes Inneres.

Lass' dir Zeit und gebe dir Zeit.
Sei offen und lass' dich inspirieren.

Sprudelnde Lebensquellen

Positive Gefühle
Bewegung
Innehalten
Energien
Sehnsüchte
Leidenschaft
Balance
Beziehungen
Inspiration
Kreativität
Offenheit
Vertrauen
Geborgenheit
Toleranz
Stabilität
sprudelnde Lebensquellen sind Lebenselixier

BEWUSST-SEIN im Augenblick

Sich den Augenblick des Lebens
zu eigen machen.
Dinge nicht achtlos vorüberziehen lassen.

Das NU ganz bewusst erleben.
Den Moment qualitativ nutzen.
Nicht auf Stunden, Tage und Monate hoffen.

Erfahren, was Leben ist -
just in diesem Augenblick.
Kein Moment ist wie der andere.

Unbekümmert den Gedanken folgen.
Wenn das gelingt,
der wird Herzensglück empfinden.

Mein ABC für Herzensglück

Gemeinsames / Gegenseitiges

Aufwachen und Aufmuntern
Beraten und Beruhigen
Computerisieren und Checken
Danken und Dulden
Entfalten und Erkunden
Fühlen und Frotzeln
Genießen und Gönnen
Halten und Hoffen
Interessieren und Infizieren
Juxen und Jauchzen
Knutschen und Kuscheln
Lachen und Loben
Mutmaßen und Machen
Naschen und Nippen
Orakeln und Organisieren
Planen und Probieren
Quatschen und Qualifizieren
Respektieren und Resümieren
Spazieren und Staunen
Tanzen und Turteln
Umwerben und Umarmen
Verreisen und Vergnügen
Warten und Widerstehen
X-Mal – jeden Tag aufs Neue: Herzensglück
You and me – ich und du
Zuhören und Zelebrieren

Herzenssache

Gesucht

Gefunden

Gekommen

Gefallen

Gebraucht

Geborgen

Genossen

Geliebt

Gegangen

Getragen

Genommen

Gegeben

Immer mit dem Herzen dabei.

Ich wünsche Dir im Alltag und im Herzen im Glück.